D1718145

Gerd Meyer

Ich bin von hier

Gerd Meyer

Ich bin von hier

Shaker Media

Bibliografische Information der Deutschen Nationalbibliothek
Die Deutsche Nationalbibliothek verzeichnet diese Publikation in der
Deutschen Nationalbibliografie; detaillierte bibliografische Daten sind
im Internet über http://dnb.d-nb.de abrufbar.

Umschlagfoto: © Gerd Meyer
Satz und Layout: Jörg Meyer, www.documentation-3d.com

Printed in Germany.

ISBN 978-3-95631-694-4

Shaker Media GmbH • Postfach 101818 • 52018 Aachen
Telefon: 02407 / 95964 - 0 • Telefax: 02407 / 95964 - 9

Inhaltsverzeichnis

II

Aus dem Städtchen

Wieder im Städtchen

Ein Jahr ist vergangen,
ich bin wieder bei dir,
die Sehnsucht ist groß,
ich muss dich besuchen.

Mein Städtchen

Aus der Höhe schön,
auch aus der Ferne,
drinnen nicht alles.

Straßen und Häuser
bewahren vergangene Zeiten,
manche waren nicht leicht.

Das betrifft auch mein Leben,
meine Kindheit in dir,
bleibst doch mein Städtchen.

Die Kirche

Hoch ragt sie hinauf,
wird immer größer,
scheint noch zu wachsen.

Die Häuser ringsum
erscheinen kleiner,
wurden oft verändert.

Sie altern,
einige kränkeln,
manche stehen leer.

Die Kirche unverändert,
feste Größe
im Wandel der Zeit.

Gepflegt wie nie,
doch gehen nur wenige hinein,
die Zeiten haben sich geändert.

Warten auf den Glockenschlag

Auf einer Bank sitze ich,
nah an der Kirche,
warte auf den Glockenschlag,
dass es Viertel schlägt.

Ich will den Ton hören,
vertraut aus Kindertagen,
wohnte ich doch an der Kirche,
die Turmuhr begleitete mich.

Ich warte bis zur vollen Stunde,
will hören den anderen Ton,
der ankündigt die Zeit,
einst Orientierung für mich.

Viele Erinnerungen ziehen vorbei,
eine Stunde ist lang,
verbringst du sie wartend,
meine Kindheit passt hinein.

Mein Kletterbaum

Ich sitze wieder bei dir,
meinem Kletterbaum,
Freund der Kindertage,
ein Jahr ist vergangen.

Wir schweigen,
es gibt nichts zu erzählen,
ein Jahr ist nicht lang,
in unserem Alter.

Jahr für Jahr saß ich bei dir,
frischte Erinnerungen auf,
berichtete über mein Leben,
aufmerksam hörtest du zu.

Komme ich wieder
im nächsten Jahr?
Ich weiß es nicht,
alles ist schon gesagt.

Doch kann sich das ändern,
vielleicht brauche ich dich noch,
mir doch keiner vertraut so wie du,
und du kannst schweigen.

Vertraute Häuser

Vertraut die Häuser um mich,
schaue ich in ihre Fenster,
weiß ich, wer dahinter wohnte.

Gesichter tauchen auf,
viele waren schon alt,
da ich ein Kind.

Leben erwachen,
mit ihnen ein Zeit,
sichtbar, so lange ich schaue.

Haus der Kindheit

Das Haus der Kindheit,
sichtbar von weitem,
einst versteckt hinter anderen.

Die mussten weichen,
auch eine Reihe Bäume,
geopfert dem Verkehr.

Die Straßen wurden breiter,
mein Haus durfte bleiben,
stand nicht im Wege.

Den Garten gibt es noch,
einst gepflegt,
eine Wildnis heute.

Aber die Laube fehlt,
errichtet für Mußestunden,
der Garten lockt nicht mehr.

Das Haus steht leer,
keiner will es haben,
es genügt nicht dem Heute.

Irgendwann wird es abgerissen,
ein neues errichtet,
der Platz ist begehrt.

Das Haus dann vergessen,
wie seine Bewohner,
das Leben geht weiter.

Die Schule

Die Schule kaum verändert,
ein Klinkerbau der Kaiserzeit
und immer noch Schule.

Wie es drinnen aussah,
weiß ich noch,
heute sicher anders.

In Bänken saßen wir,
anfangs zu sechst,
später zu zweit.

Begannen mit Griffel und Schiefertafel,
Lappen und Schwamm kamen hinzu,
alles in Ranzen verstaut.

Wie beginnt man heute,
wie lernt man das Schreiben,
tippt man gleich auf ein Laptop los?

Auch die Inhalte haben sich geändert,
folgten den Mächtigen der Zeit,
Kinder waren immer Objekte.

Begegnung mit Schulkindern

Schulkinder gehen vorbei,
Mädchen und Jungen,
schwatzen und gestikulieren.

Rucksäcke tragen sie,
manche sogar zwei,
einen vor dem Bauch.

Wir trugen einen Ranzen,
kleiner und leichter,
siebzig Jahre ist es her.

Meine Enkel sind erwachsen,
was werden ihre Kinder tragen
wenn sie zur Schule gehen?

Blick vom Dachsberg

Der Blick vom Dachsberg,
herunter zur Stadt,
einer der schönsten für mich.

Vor mir hügelige Wiesen,
keine Felder,
Ackerbau lohnte nie.

Dahinter mein Städtchen,
um den Kirchturm geschart,
noch Wahrzeichen heute.

Häuser bis an den Wald,
dahinter die Kette der Berge,
ein sanftes Auf und Ab.

Hier wuchs ich auf,
Ort meiner Kindheit,
zog danach fort.

Die Kindheit unvergessen,
wie auch mein Städtchen,
regelmäßig komme ich her.

Wandere zum Dachsberg,
schaue auf das Städtchen,
nenne es meines noch heute.

Blick auf die Autobahn

Autos fahren vorüber,
nur spielzeuggroß,
halten nicht an,
fern ihre Ziele.

Ich schaue ihnen nach,
ohne Rührung,
mich zieht nichts hinaus,
mein Zuhause ist hier.

Das einsame Haus

Ein Haus zwischen Bergen,
einer davor, einer dahinter.
Ein Bach quält sich hindurch,
die Sonne schafft es nicht.

Weite Wege zur Stadt,
einst gegangen zu Fuß.
Das Haus unbewohnt,
die Zeit nagt daran.

Idyll aus heutiger Sicht,
ein Leben in der Natur.
Gute, alte Zeit?
Nein, eine andere.

Verschwundene Waldwege

Verschwundene Waldwege,
kaum noch zu erkennen,
dem Kundigen zu erahnen,
mit ihm vergessen,
bald eins mit dem Wald.

Nach dem Sturm

Gestürzte Riesen,
wohin du schaust,
amputierte Leichen.

Der Wald stark gelichtet,
tiefe Wunden hinterließ
das Räumen mit schwerem Gerät.

Lange wird es dauern,
bis sie verheilt,
nichts erinnert an den Sturm.

Baumfriedhof

Bäume und Äste,
ineinander verkrallt,
zu Bergen getürmt,
im Tod noch vereint.

Zeit zum Verrotten,
von keinem gestört,
für Holz kein Bedarf.

In meiner Kindheit
besenrein die Wälder,
ungestillt der Hunger der Öfen.

Ich reduziere mein Städtchen

Ich reduziere mein Städtchen,
in Gedanken nur,
schaffe Platz für Felder und Wiesen,
hole heran auch den Wald.

Keine Idylle entsteht,
doch ein Leben voller Entbehrung,
nicht so schön, wie ich gedacht,
ich will nicht im Damals leben.

Mein Zuhause bist du

Tag für Tag war ich unterwegs,
unterwegs in den Bergen,
vollgetankt mit Erinnerungen,
wird es Zeit, zurückzukehren,
in mein Zuhause.

Mein Zuhause bist du,
hier merke ich es,
du zählst mehr als die Berge.

In Erfurt

Zu Besuch in Erfurt

Nach Erfurt reise ich wieder,
besuche die Stadt Jahr für Jahr,
mit ihr verbindet mich viel,
Grund, sie zu besuchen,
ich reise an mit dem Zug.

Willy ans Fenster

Gegenüber vom Bahnhof,
auf dem Dach vom Erfurter Hof,
empfängt mich der Schriftzug:
Willy ans Fenster

Erinnert an die Begegnung
Willy Brandt und Willi Stoph,
mitten im Kalten Krieg,
der Zeit starrer Fronten.

Versuch, Beziehungen zu normalisieren,
an Einheit noch kein Gedanke,
unvorstellbar für viele,
darunter auch für mich.

Wie sollte das aussehen,
verankert in feindlichen Lagern,
bewaffnet bis an die Zähne,
Gewehr bei Fuß?

Spannungen mindern,
schien die einzige Lösung,
nun trafen sich die zwei
zu Annäherungsversuchen.

Hunderte harrten aus,
Willy Brandt zu begrüßen,
skandierten wieder und wieder:
Willy ans Fenster.

Er zeigte sich,
wurde jubelnd begrüßt,
machte Schlagzeilen,
doch nicht bei uns.

Ich war noch nicht so weit,
hätte nicht gejubelt,
andere waren da weiter,
schmerzliche Einsicht heute.

Mich hinderten Denkschablonen:
Kapitalismus und Sozialismus
Freund und Feind
Die Einheit kam nicht darin vor.

Heute gegenüber vom Bahnhof,
prangt groß der Namenszug:
Willy ans Fenster
erinnert an einst.

Noch immer beschämend für mich,
war ich doch kein Wendehals,
in der DDR aufgewachsen,
sah meine Zukunft in ihr.

Der Satz inzwischen Geschichte,
Genugtuung bleibt,
ich musste manches korrigieren,
hatte viel zu lernen.

Gewinner, Verlierer?
Die Frage stellt sich nicht.
Gewinner wir alle.
Wir sind wieder eins.

Die Gartenstraße

In der Gartenstraße wohnte ich,
einer Straße in Bahnhofsnähe,
flankiert von kleinen Häusern.

Ruhig lebte es sich hier,
ein Lebensmittelladen,
einer für Mal- und Zeichenbedarf.

Ich wohnte in einem alten Haus,
nach hinten raus,
blickte auf einen Garten.

Dem folgte ein Park,
darin ein kleiner Teich,
darauf schwammen Enten.

Kalb hieß meine Wirtin,
eine einfache Frau,
ihr Mann war gefallen.

Ihr Sohn ging nach dem Westen,
so sagte man damals,
Republikflucht hieß es offiziell.

Sie arbeitete in einer Küche,
gab dort Essen aus,
verdiente wenig.

Sie vermietete das Zimmer des Sohnes,
ich zog darin ein,
blieb während der Studienzeit.

Das Zimmer sah aus,
als wäre der Sohn eben mal weg,
käme gleich wieder.

Ein bescheidenes Zimmer,
nicht vorstellbar für Studenten heute,
für mich eine Bleibe.

Frau Kalb habe ich nicht vergessen,
auch nicht die Zeit,
gedenke ihr hier.

Die Straße gibt es nicht mehr,
sie wurde abgerissen,
zu DDR-Zeiten schon.

Bauten entstanden,
einer Bezirkshauptstadt würdig,
zu sozialistischer Zeit.

Der Anger

Der belebtester Platz der Stadt,
für mich auch der schönste,
voll pulsierendem Leben,
ansteckender Geschäftigkeit,
doch ohne Hektik.

Straßen führen nach allen Seiten,
Straßenbahnen fahren vorbei,
Bauten verschiedener Zeiten,
Geschäfte, Cafés aller Art,
vielseitig das Angebot.

Kirchen und Museen,
Brunnen und Wasserspiele,
Skulpturen,
Bänke unter Bäumen,
Oasen der Ruhe.

Alles beieinander,
beeindruckendes Bild,
ein schöner Platz,
Herz der Stadt,
was willst du mehr.

Erfurter, wisst ihr das auch?
Oder müssen wir sagen,
wie schön ihr es habt?

Die Kaufmannskirche

Am Anger gelegen,
etwas abseits jedoch,
leiser der Verkehr,
steht offen für jeden
die Kaufmannskirche.

Nicht nur für Gläubige,
auch für Neugierige
oder um abzuschalten,
sich eine Pause zu gönnen,
vor dem lauten Draußen.

Ich habe andere Gründe,
in die Kirche zu gehen,
mein Vater wurde hier konfirmiert,
mein Opa war nicht dabei,
stand als Soldat im Krieg.

Er kam erst zurück
als der Weltkrieg zu Ende,
blieb unversehrt,
100 Jahre ist es her,
Grund sich zu erinnern.

Oma blieb allein,
hatte drei Kinder zu versorgen,
in einer Zeit der Not,
hinzu kam das Bangen,
kehrt mein Opa zurück.

Der Seitenraum der Kirche
ist heute mein Ziel,
ich weiß, was mich erwartet,
war häufiger schon hier,
doch das ist länger her.

Ohne Fenster der Raum,
nur ein wenig erhellt
vom Licht einer Kerze
auf einem Altar,
gebietet er Schweigen.

Ein seltsamer Ort,
die Wände mit Namen versehen,
von unten bis oben,
hunderte sind es,
Jahreszahlen dazu.

Namen von Männern,
die hier getauft,
auch konfirmiert,
alle gefallen im Krieg,
Opas Generation.

Ein zweiter Krieg kam,
nun war mein Vater Soldat,
fehlte bei meines Bruders Konfirmation,
unsere Mutter konnte nicht warten,
war bereits gestorben.

Jahre später kam Vater heim,
war lange vermisst,
wir warteten auf ihn,
zwei Brüder und ich,
eine Zeit ohne Eltern.

Danach herrschte Frieden,
hoffentlich bleibt es so,
als Kind erlebte ich den Krieg,
vergesse nicht,
was ich erlebt.

Meine Kinder,
inzwischen Väter,
kennen keinen Krieg,
nur aus den Medien,
nicht überall herrscht Frieden.

Der Besuch in der Kaufmannskirche,
führt hundert Jahre zurück,
erinnert an zwei Kriege,
die Toten unvergessen,
nicht nur die an den Wänden.

Frieden muss bleiben,
nicht nur bei uns,
überall auf der Welt,
die ist kleiner geworden,
die Gefahren sind größer.

Dank an Oma

An Oma denke ich oft,
schaue Fotos von ihr an,
vergesse nicht,
was sie für uns getan.

Das Ende des Krieges,
die Jahre danach,
wir drei Brüder allein,
Oma ist wieder gefragt.

Sie sorgt für uns,
für Kleidung und Essen,
näht und stopft und strickt,
müht sich im kleinen Garten.

Schwer die Zeit nach dem Krieg
bei Opas bescheidener Rente,
Oma bringt uns über die Zeit,
bis unser Vater kehrt heim.

Über die Zeit bei ihr
habe ich geschrieben,
unvergessen soll sie sein,
auch den Kindern und Enkeln.

Erfurts Gassen

Erfurts Gassen muss man sehen,
sind einen Besuch wert,
wenig Vergleichbares blieb,
in deutschen Städten nach dem Krieg.

Die Häuser sorgfältig restauriert,
als Wohnungen beliebt,
dazu Gaststätten und Läden,
sind sie wieder voller Leben.

Schlenderst du durch,
streift dich vergangene Zeit,
ahnst du einstiges Leben,
gerettet für uns.

In Gassen zieht es mich,
wo kleine Leute wohnten,
ich bin ihnen verbunden,
wuchs unter ihnen auf.

In der Feuerkugel

In der Feuerkugel,
am Fischmarkt gelegen,
sitze ich zu speisen
wie in meiner Studentenzeit.

Ich bestelle Thüringer Klöße,
dazu Rotkraut und Roulade,
der Geschmack der Klöße,
war denen von Oma ähnlich.

Der Geschmack ist wie einst,
so schmecken Thüringer Klöße,
ich bin zufrieden,
sage es auch.

Müller-Thurgau trinke ich dazu,
muss von Saale-Unstrut sein,
inzwischen meine Region,
Erfurt gehört weiter dazu.

Die Krämerbrücke

Die Krämerbrücke,
berühmt wie der Dom,
bekannt bei Touristen.

Scharen kommen,
Jahr für Jahr,
sie zu besuchen.

Die Brücke über die Gera,
ein Flüsschen nur,
Station einst einer Handelsstraße.

Schon Jahrhunderte alt,
von kleinen Häusern begrenzt,
auf steinernen Bögen.

Denkmal vergangener Zeit,
Genuss für das Auge,
einzig zu sehen.

Kleine Läden,
oft nur Lädchen,
kleine Cafés.

Originelle Waren,
zu finden nur hier,
Einkehren lohnt.

Du fühlst dich wohl,
im Strom der Touristen,
bist einer von ihnen.

Sie bleiben stehen,
gehen langsam weiter,
schauen sich um.

Um dich frohe Menschen,
rundum zufrieden,
mit allen Sinnen am Ort.

Auch die Gassen ringsum,
laden zum Verweilen,
viel gibt es zu sehen.

Die Brücke musst du sehen,
sie sind eine Pflicht,
stehen für Erfurt.

Dom und Stadt

Trittst du aus der Altstadt heraus,
steht jenseits vom Platz,
auf einem Hügel gelegen,
der Dom.

Viele Stufen führen hinauf,
Zeit, dich vorzubereiten,
oben staunst du über die Größe,
erfüllt Ehrfurcht dich vor den Erbauern.

Blickst du dich um,
schaust du die Stadt,
in Jahrhunderten gewachsen,
in wechselnden Zeiten.

Auch mir war sie Wohnort,
für entscheidende Jahre,
die Weichen stellten für mein Leben,
Familiengeschichte kommt noch hinzu.

Mein Erfurt sage ich deshalb,
muss es jedes Jahr besuchen.

Abschied

Vor dem Bahnhof,
einst nur Eile,
nur Kommen und Gehen,
kein Verweilen.

Autos und Straßenbahnen,
hastende Menschen,
rennen zu den Zügen,
heute ein anderes Bild.

Auch Ort zum Verweilen,
Plätze zum Sitzen,
vor Restaurants und Cafes,
städtisches Treiben zu sehen.

Hier sitze ich vorm Erfurter Hof,
Erinnerst du dich?
„Willy ans Fenster"
steht auf dem Dach.

Ich warte auf meinen Zug,
bei Eis und Kaffee,
bleibe in der Sonne,
schaue auf den Bahnhof.

Auch dort anders alles
als zu meiner Zeit,
ein Einkaufszentrum,
nicht nur ein paar Kioske.

Dann ist es Zeit,
Abschied zu nehmen,
ich drehe mich noch einmal um,
komme bald wieder.

Hier und jetzt

Wohnen im Zentrum

Ich wohne im Zentrum,
zog aus der Platte aus,
draußen am Rande,
floh vor der Sanierung
in eine fertige Wohnung.

Nah sind Bahn und Bus,
Ämter und Ärzte,
nur kurze Wege,
bereut habe ich es nicht,
schnell Freunde gefunden.

Lärm und Gestank bin ich gewöhnt,
schließe tagsüber die Fenster,
doch fehlt mir die Weite,
ein Himmel über mir
und ringsum Grün.

So gehe ich täglich spazieren,
in schöner Umgebung,
ein Fluss fließt hindurch,
durch weite Wiesen,
genieße Stille um mich.

Besuch in der Platte

Ab und zu besuche ich die Siedlung,
die Plattensiedlung am Rande der Stadt,
wo ich viele Jahre wohnte,
mich am Ziele wähnte,
was das Wohnen betraf.

Sie ist schöner geworden,
Leerstand gibt es kaum,
ihr schlechtes Image schwindet,
zurückgebaut einige Blöcke,
andere innen und außen saniert.

Eigenheime entstanden,
auf frei gewordenen Flächen,
dennoch bleibt Platz
für Bäume und Grün,
auch wird weiter gebaut.

Es lebt sich hier gut,
in den sanierten Blöcken,
doch zurück will ich nicht,
halte aber weiter Kontakte,
vieles verbindet mit früher.

Meine Kneipe

Die Kneipe am Stadtrand,
an der Plattenbausiedlung,
meine Stammkneipe ist sie.

Ich wohnte dort,
zog weg ins Zentrum,
ging aber weiter dorthin.

Ich kannte viele,
wohnten lange zusammen,
begegnen uns weiter.

Die Kneipe schloss,
brachte nichts ein,
die Wirtin gab auf.

Jahre stand sie leer,
fand einen neuen Betreiber,
zwischen verlassenen Gärten.

Nach langem Zögern
überwand ich mich,
trat wieder ein.

Die da saßen,
kannte ich alle,
waren nur älter geworden.

Nun komme ich regelmäßig
zum Frühschoppen her,
jeden Sonntagmorgen.

Das Gestern verbindet,
wir sind unter uns,
haben genug zu reden.

Vatertag

Himmelfahrt wenig bekannt
im atheistisch geprägten Osten,
nur unter Vatertag,
Treffpunkt die Gartenkneipe.

Man bleibt bis Mittag,
die Frau wartet mit dem Essen,
mancher kommt danach wieder,
schließlich ist Vatertag.

Viele steigen inzwischen aufs Rad,
nehmen die Frauen mit,
nicht nur die Zeiten ändern sich,
auch Sitten und Gebräuche.

Stefanie

Wirtin ist sie in der Gartenkneipe,
eine junge, resolute Frau,
sehr attraktiv,
sich dessen bewusst.

Sie weiß mit den Gästen umzugehen,
meist sind es Männer,
viele längst Rentner,
die Bier trinken hier.

Sie neigt sich mal,
schmiegt sich auch an,
lässt sich an den Hintern fassen,
manch Alter ist dreist.

Sie hat damit keine Probleme,
es geht ums Geschäft,
um den Umsatz,
sie braucht die Gäste.

Ansonsten setzt sie Grenzen,
ist Manns genug,
sich durchzusetzen,
genießt Respekt.

Die Magistrale

Nie war das ihr offizieller Name,
Ernst-Thälmann-Straße hieß sie erst,
König-Heinrich-Straße wurde daraus.

Nichts ist so vergänglich wie Namen,
Namensgeber sind immer eifrig,
dienen damit ihrer Zeit und sich.

Zur Blütezeit der DDR erbaut,
da viele meinten, sie sei ewig,
als Vorzeigeobjekt gedacht.

Viergeschosser auf beiden Seiten,
noch mit Ziegeln errichtet,
breit die Straße und die Wege.

Geschäft an Geschäft,
Gaststätten, ein Kino dazu,
eine Vorzeigestraße eben.

Die Wende traf sie auch,
der Leerstand nahm zu,
Geschäfte gaben auf.

Groß die Konkurrenz vom Rande,
Freizeitzentren zugleich,
nun leer und ruhig die Straße.

Schicksalsjahr 2015,
Ausländer kamen in Massen.
„Wir schaffen das schon."

Lebhaft ist es wieder,
geschäftig geht es zu,
Ausländer bestimmen das Straßenbild.

Sie übernehmen Geschäfte,
nicht nur Landsleute die Kunden,
auch Deutsche kaufen ein.

Mich interessiert der Ausländeranteil,
gehe deshalb von Haustür zu Haustür,
lese die Namensschilder.

Deutsche will ich erkennen,
weiß, das kann trügen,
doch Namen ein Anhaltspunkt.

Etwa 160 Wohnungen gibt es,
die Hälfte von Deutschen bewohnt,
10 davon stehen noch leer.

Doch sagt das wenig über die Zahl,
die Ausländer brachten Kinder mit,
einige sind auch hier geboren.

Ich bleibe in der Magistrale,
Probleme halten sich in Grenzen
und werden weniger.

Ich bin nicht ausländerfeindlich

Ich bin nicht ausländerfeindlich,
doch muss mich oft entschuldigen,
äußere ich mich kritisch
zu Ausländern in meiner Umgebung.

Alltägliche Dinge sind es,
die mich ärgern,
Ordnung und Sauberkeit,
vor allem die Müllentsorgung.

Nicht auszumalen,
der Anblick der Müllboxen,
doch nicht nur der,
es geht auch um Hygiene.

Unerträglich der Gestank,
nicht nur an heißen Tagen,
unzählige Insekten fliegen herum,
selbst Ratten zeigen sich schon.

Ich will nicht alles dulden,
was meinen Alltag stört,
weiß nicht wohin mit dem Müll,
Berge türmen sich um die Tonnen.

Ich schäme mich schon,
hier zu wohnen,
warum ziehst du nicht aus,
wurde ich schon gefragt.

Die Entsorgungsfirmen weigern sich,
ihre Arbeit zu verrichten,
andere Firmen werden beauftragt,
den Müll zu entsorgen.

Nebenkosten entstehen,
ich muss sie am Ende bezahlen,
bin mir keines Vergehens bewusst.
Ob ich Einspruch erhebe?

Die Vermieter sind lasch,
Bestimmungen durchzusetzen,
verteilen ab und zu ein Schreiben,
befürchten sie, ausländerfeindlich zu sein?

Ich wähle keine rechte Partei,
trotzdem möchte ich sagen,
was mich an den Zuwanderern stört,
ohne gleich ausländerfeindlich zu sein.

Kinder in der Straße

Kinder in der Straße,
neu der Anblick für mich,
unter uns waren wir Alten.

Lebhafter geht es zu,
Ausländerkinder sind es,
man hört und sieht es.

Sind sie erwachsen,
werden sie Deutsche sein,
zumindest vor dem Gesetz.

Kinder an der Ampel

Morgens stehe ich am Fenster,
schaue auf die Ampel,
vor der Haustür unten,
beginne so meinen Tag.

Viele Kinder warten auf Grün,
Ausländerkinder meiner Straße,
wollen zur Schule,
müde noch viele.

Doch da ist nicht nur Freude.
Wie gehen unsere Kinder damit um
und auch die Lehrer,
Deutsche als Minderheit?

Mein Baum vor dem Fenster

Mein Baum vor dem Fenster
verbirgt die Kreuzung vor mir,
ganz nah steht er am Haus.

Dic Vögel meiden ihn,
nie sah ich einen brüten,
zu viele Autos fahren vorbei.

Er gehört zu meinem Zuhause,
Sehnsucht habe ich nach ihm,
bin ich einmal auf Reisen.

Bei den Kasernen

Sonntagmorgen ist es,
Zeit spazieren zu gehen,
an den Rand der Stadt,
hin zu den Kasernen.

Von der Roten Armee genutzt,
zuvor von der Wehrmacht,
wollte sie die Bundeswehr nicht,
standen so leer und verfielen.

Ich war lange nicht dort,
vieles hat sich verändert,
einige sind abgerissen,
andere Wohnungen geworden.

Die alten Bäume blieben,
Platz gab es genug,
Eigenheime kamen hinzu,
umgeben von viel Grün.

Schön wohnt es sich hier.
Lange bleibe ich stehen,
denke nach darüber,
was sich verändert.

Im Park

Im Park gehe ich spazieren,
an Bäumen und Grünflächen vorbei,
entlang an den Teichen.

Schwäne ziehen vorbei,
Enten führen ihre Brut,
schön hier zu sein.

Doch spüre ich Rücken und Knie,
alles ist endlich,
auch darum so schön.

Die weite Welt

Ich kenne sie nicht,
die weite Welt,
als ich jung war,
wollte ich sie sehen.

Das ist vorbei,
jetzt genügt mir die Nähe,
in ihr kenne ich mich aus,
lebe zufrieden in ihr.

Zu vieles passiert,
was draußen geschieht,
was die Medien zeigen,
vieles macht Angst.

Meine Straße

Zuerst war alles fremd,
selbst die Straße,
vertraut dann einige Häuser,
noch nicht die Bewohner.

Später ein Erkennen,
beim morgendlichen Gang:
Den kenne ich doch,
der wohnt doch nebenan.

Dann folgte ein Nicken,
ein freundlicher Gruß,
schließlich ein Stehenbleiben,
ein Gespräch, ein paar Worte.

Jetzt beginnt mein Zuhause,
gehöre ich ein wenig dazu,
bin nicht mehr fremd,
spreche von meiner Straße.

Das Haus gegenüber

Lange stand es leer,
das Haus gegenüber,
von ehrwürdigem Alter,
doch noch rüstig
und erhaltenswert.

Nun wurde es saniert,
ist wieder bewohnt,
abends brennt Licht,
nur in einem Fenster,
noch dunkel die anderen.

Einen Nachbarn habe ich wieder,
doch ihn noch nicht gesehen,
der Eingang liegt auf der anderen Seite.
Ob ich mal da lang gehe?
Vielleicht treffe ich ihn.

Nebenan wird gebaut

Wir haben unser Haus saniert,
unser kleines Häuschen,
von unten bis oben,
viel Geld investiert,
wie neu sieht es aus.

Doch jetzt rücken Bagger an,
heben eine Baugrube aus,
gleich nebenan,
wo vorher Gärten waren,
beängstigend nah und riesengroß.

Auf einem Aufsteller steht:
Hier entstehen Privatquartiere
100% barrierefrei
Parkplätze dazu
Was kommt da auf uns zu?

Wie geht man damit um

Wie geht man damit um,
wenn man alles verliert,
Hab und Gut,
Haus und Hof,
alles, was Heimat war,
gerettet nur das Leben,
keine Aussicht besteht,
alles wieder zu erhalten,
nur Erinnerung bleibt,
wie geht man damit um?

Wie geht man damit um,
wenn kein Essen ist für morgen,
die Kinder dich ansehen mit flehenden Augen,
Bomben fallen,
Menschen getötet werden,
wie geht man damit um,
hast du dich das schon einmal gefragt?

Wir jammern auf hohem Niveau,
nur wir Alten haben es noch erlebt.

Ich will besser leben

Wie ist es,
wenn man in fremde Länder geht,
um dort zu leben,
nicht weil das Leben bedroht,
nur um besser zu leben?
Ist ein „Wirtschaftsflüchtling"
ein schlechter Mensch?

Wanderten nicht auch Deutsche aus,
schon immer, nicht nur heute,
um woanders besser zu leben.
Sind das schlechte Menschen?

Neue Möbel

Eure Wohnung gefällt euch nicht mehr,
ihr habt euch satt an ihr gesehen,
die Nachbarn haben sich neue Möbel gekauft,
sie stolz euch vorgeführt,
ihr könnt euch auch neue leisten.

Eure Möbel sind noch wie neu,
ihr habt sie sorgsam gepflegt,
noch gut zu gebrauchen,
erfüllen noch ihren Zweck,
doch nun wollt ihr neue haben.

Ihr blättert in Katalogen,
sucht Möbelhäuser auf,
besucht Einkaufszentren,
schaut im Internet nach,
zögert mit einer Entscheidung.

Modern müssen sie sein,

liegen im Trend,

euren Ansprüchen entsprechen,

man ist ja nicht irgendwer,

kann sich etwas leisten.

Doch wohin mit den alten Möbeln?

In die Sperrmüllentsorgung.

Doch da gibt es Leute,

die schlagen die Möbel vorher kaputt,

niemand soll sie weiter verwenden.

Die Möbel verschenken,

das kommt nicht infrage,

etwa an Flüchtlinge gar,

die sollen in ihrem Land bleiben

oder hier erst einmal arbeiten.

Ich kenne eine Frau

Ich kenne eine Frau,
aus meiner Nachbarschaft,
deren Eltern wurden vertrieben,
verloren alles im Krieg.

Sie begannen unermüdlich von vorn,
dachten dabei nicht nur an sich,
halfen anderen aus der Umgebung,
denen es wie ihnen gegangen.

Bis ins hohe Alter waren sie unterwegs,
handelten aus Nächstenliebe,
gebrauchten das Wort jedoch nicht,
starben vor kurzem.

Die Tochter löste den Haushalt auf,
übergab ihn einer Flüchtlingsfamilie,
die freuten sich sehr,
sind seitdem befreundet.

Es fehlte an allem

Es fehlte an allem,
nicht nur am Essen,
auch an Kleidung.

Nähen, Stopfen, Flicken,
aus alt mach neu,
aus zwei mach eins.

Zur Not auch stricken,
hattest du Wolle,
sonst trotteltest du Altes auf.

Modisch gekleidet,
entsprechend Alter und Typ,
wo leben wir denn?

Flicken, Nähen, Stopfen,
vielleicht auch Stricken,
für Omas und Mütter
Alltag nach dem Krieg.

Kleidercontainer

Gut willst du aussehen,
geschmackvoll gekleidet,
passend zu Alter und Figur,
elegant oder bequem
und neu muss sein,
was du trägst.

Für Neues fehlt Platz,
die Schränke quellen über,
da helfen Kleidercontainer,
die lösen das Problem,
da kannst du entsorgen,
was dir nicht mehr gefällt.

Du hilfst damit auch anderen,
gib deshalb nur Sauberes ab,
entsorge keine Lumpen.

Der Markt

Die Marktplätze bei uns,
ich meine im Osten,
waren das erste,
was man sanierte.

Viele standen vor dem Verfall,
war Rettung im letzten Moment,
wurden Wahrzeichen wieder,
zeigen ihre Geschichte.

Nicht so in meiner Stadt,
der Markt noch jetzt ein Sorgenkind,
keine Sehenswürdigkeit,
zu groß die Schäden vom Krieg.

Verständnis fehlte für das Alte,
schnell sollte Neues her,
der Sozialismus setze Zeichen,
später fehlte es an Geld.

Der Markt bleibt außen,
ist kein Mittelpunkt mehr,
alle Bemühungen,
sie änderten nichts.

Traurig für einen Markt,
korrigiert wurde weiter,
manches endgültig aufgegeben,
ein unbefriedigender Anblick bleibt.

Erinnerungen verblassen,
zu lange ist es her,
bald weiß keiner mehr,
wie schön der Markt einmal war.

Gasthaus Zur goldenen Sonne

Viele Jahre stand es leer,
das Gasthaus Zur goldenen Sonne,
keine sonnigen Zeiten,
schon gar keine goldenen.

Beherbergte einst berühmte Leute,
schon Gustav Adolf nächtigte hier,
weitere Größen kamen hinzu,
in den Zeiten danach.

Ein Relief über dem Eingang
zeigt eine Sonne,
von einem Strahlenkranz umgeben,
daher der Name.

Am Markt gelegen,
eines der ältesten Häuser,
gehört es zum Markt,
blieb doch Jahre ungenutzt.

Eine Baulücke daneben störte,
wer geht schon in ein Gasthaus,
mit einer hässlichen Lücke daneben,
weiß, daneben fehlt ein Haus?

Eine Sanierung lohnte nur,
verschwände dabei die Lücke,
so fand sich lange kein Käufer,
das Risiko schien zu groß.

Nun wurde es saniert,
die Fassade in alter Schönheit,
das Relief über dem Eingang,
prangt wieder in Gold.

Innen modern,
passend heutigen Ansprüchen,
wird es hoffentlich bald genutzt,
der Aufwand sich lohnen.

Nebenan sind Archäologen am Werk,
legen alte Fundamente frei,
nach dem Ende der Grabungen,
entsteht darauf ein neues Haus.

Ich freue mich schon,
eine weitere Wunde verschwindet
in unserer alten Stadt,
die noch vom Kriege herrührt.

Die Hauswand

Die Hauswand am Markt,
wo ein Haus stand daneben,
gewährt Einblick in Vergangenheit,
wie ein Denkmal inzwischen.

Bruchsteine, große und kleine,
Fachwerk gefüllt mit Flechtwerk und Lehm,
Ziegelsteine unterschiedlicher Maße
zeugen von bewegter Vergangenheit.

Nun wird die Lücke geschlossen,
ein neues Haus entsteht,
die Wand wie eine Wunde,
nicht zum Zeigen geeignet.

Ich habe sie fotografiert,
so bleibt sie erhalten,
freue mich aber,
dass sie verschwindet.

Die alte Straße

Gerettet die Straße,
wieder bewohnt,
Anblick vergangener Zeit.

Die Häuser modernisiert,
Balkone nach hinten raus,
erhalten alte Fassaden.

Gern gehe ich hindurch,
belebt nun die Straße,
steht der Innenstadt gut.

Es muss kein Eigenheim sein,
draußen am Rande der Stadt,
auch im Zentrum wohnt es sich gut.

Das Wäldchen

Ein Wäldchen entsteht,
mitten im Zentrum,
wo eine Fläche ungenutzt,
Jahre nun schon.

Keiner hat es angepflanzt,
von allein ist es entstanden,
durch Samenflug,
von Bäumen aus der Nähe.

Die Bäumchen noch jung,
einige von beachtlicher Größe,
kämpfen dort um eine Bleibe,
jedes Jahr kommen neue hinzu.

Früher stand hier eine Einkaufshalle,
ausschließlich für Lebensmittel,
ein Café mit vielen Plätzen dabei
und stets gut besucht.

Nach der Wende zog Edeka ein,
blieb aber nicht lange,
da Parkplätze fehlten,
zog sich der Betreiber zurück.

Er wich auf den Stadtrand aus,
da gab es keine Probleme,
war reichlich Platz vorhanden,
eine weit größere Halle entstand.

Die alte Einkaufsstätte riss man ab,
seitdem steht die Fläche leer,
neue Nutzer wurden nicht gefunden,
obwohl eine Einkaufsmöglichkeit fehlt.

Die Fläche blieb sich selbst überlassen,
sollte weiter vermarktet werden,
an eine Grünfläche war nicht gedacht,
die Natur nahm sich des Areals an.

Die Bäume zeigen die Kraft der Natur,
sie holt zurück, was ihr genommen,
mal sehen, wie es mit der Fläche weitergeht,
wie lange man das wilde Wachsen duldet.

Ich bin ein Pessimist,
was das Wäldchen betrifft,
irgendwann wird es die Verantwortlichen stören.
Bin ich da zu optimistisch?

Reisegruppe

Eine Reisegruppe
geht über die Saalebrücke,
hinter sich die Neumarktkirche,
vor sich den Dom und das Schloss.

Einige bleiben stehen,
andere schauen sich um,
reden, diskutieren,
blättern in Broschüren.

In der Gruppe,
Vater, Mutter, Tochter,
starren nur auf ihre Handys,
würdigen die Umgebung mit keinem Blick.

Ich liege im Fenster

Ich liege im Fenster,
halte Ausschau nach dir,
Zeit ist für dein Kommen.

Oft steht etwas dazwischen,
was nicht vorauszusehen war,
doch bleibe ich ohne Nachricht.

Leben wollte ich mit dir,
immer bei dir sein,
rund um die Uhr.

Nun bin ich zufrieden,
werden es zwei Stunden,
auch das nicht gewiss.

So liege ich weiter im Fenster,
vielleicht kommst du noch,
wenigstens eine Nachricht.

Tage ohne dich

Nicht schön sind Tage ohne dich,
ich kann mich nicht an sie gewöhnen,
sind doch unvermeidlich.

Um so mehr genieße ich die Stunden,
die du bei mir bist,
sie vergehen leider zu schnell.

Die Tage des Wartens
scheinen unendlich,
vor Sehnsucht verzehre ich mich.

Realistin

Realistin nenne ich sie,
seit wir uns kennen,
Jahrzehnte nun schon,
manchmal spöttisch gemeint,
meist doch anerkennend.

Sie bremste Höhenflüge,
hielt mich am Boden,
ersparte Enttäuschungen,
hielt sich ans Mögliche,
nur so gab es weiter ein Wir.

Wir sind alt

Wir werden alt,
nein, wir sind es.
Welk wird unsere Haut,
doch nur das Heute zählt.

Wir lieben uns,
das ist wichtig.
Deine Augen!
Mein Leben darin.

Liebe altert nicht,
bleibt jung,
wird nur anders,
bleibt Liebe.

Auch das Alter ist schön

Wir werden älter,
nie ging es uns so gut.
Wir freuen uns darüber,
sagen bekennend:
Unser Alter ist schön.

Wir ernten Widerspruch,
sprecht nicht darüber,
sagen einige,
jung sein ist in,
das Alter tabu.

An uns liegt es,
wie wir das Alter gestalten,
wie wie zum Heute stehen.
Auch das Alter ist schön,
wir bekennen uns dazu.

Blick aus dem Fenster

Frühlingsanfang,
meldet der Kalender,
doch draußen ist alles weiß.

Es stürmt und schneit,
der Himmel ist grau,
nun herrscht Ausverkauf.

Ein Passant müht sich vorbei,
ab und zu ein Auto,
bekleidet mit Schnee.

Davor klopfte der Frühling an,
schickte Knospen ans Licht,
Blumen auf die Wiesen.

Auch die Vögel ließen sich täuschen,
sangen den Frühling herbei,
wir hörten es gern.

Unser vorschnelles Urteil:
Schon wieder kein Winter.
Er strafte uns Lügen.

Tage später,
der Blick hinaus,
zur gleichen Zeit.

Die Sonne strahlt,
der Himmel ist blau,
trocken die Straße.

Der Frühling macht ernst,
weckt Freude in mir,
mich zieht es hinaus.

Ich wollte im Regen gehen

Ich ging raus,
es sah nach Regen aus,
ging doch ohne Schirm.

Ich hoffte, nass zu werden,
habe fast vergessen,
wie das ist.

Wie fühlt es sich an,
ist man pitschnass,
klebt die Kleidung am Körper?

Wann kam ich zuletzt nach Hause,
auf der Flucht vor dem Regen?
Ich weiß es nicht mehr.

Mein Wunsch blieb unerfüllt,
es regnete nicht,
ich kam trocken nach Hause.

Tage darauf regnete es,
schüttete wie aus Kübeln,
hörte lange nicht auf.

Wollte er nachholen,
was er versäumt,
sich entschuldigen?

Ich vergaß meinen Vorsatz,
im Regen zu gehen,
pitschnass zu werden.

Blieb am Fenster stehen,
schaute gebannt zu,
was für ein Regen!

Tropfen klatschten gegen die Scheiben,
flossen wie Bäche herab,
die Straße wurde zum See.

Ein Schauspiel bot sich mir,
doch beängstigend,
warum gleich so viel?

Einen Landregen wünschte ich,
mit dem alle zufrieden,
gibt es nur noch Extreme?

Gehe ich noch einmal im Regen,
ohne Schirm, werde nass?
Ein Zufall wird es wohl bleiben.

Es regnet

Es regnet,
ein Erlebnis,
herbeigesehnt.

Seit Tagen Hitze,
drückende Schwüle,
keine Wolke am Himmel.

Im Fernsehen

Bilder von Orkanen,
Überschwemmungen,
Hagel und Sturm,
großen Zerstörungen.

Bilder von Trockenheit,
versiegenden Flüssen,
dürstenden Tieren,
bedrohten Ernten.

Nun rauscht der Regen,
ich stehe am Fenster,
schaue zu,
ein Erlebnis für mich.

Bäume ohne Laub

Bäume ohne Laub,
die Blätter am Boden,
mitten im Sommer,
lange vor ihrer Zeit.

Der Blick nach oben,
kein Regen in Sicht,
Wochen nun schon,
auch für die nächsten Tage.

Kein Vogel ruft,
keiner zu sehen,
nur still ist es,
unheimlich still.

Trockenheit

Müde Bäume,
dazu traurig,
fast apathisch,
warten auf Regen.

Verbrannte Wiesen.
Waren sie einmal grün?
Genügt ein Regen,
das alles wieder lebt?

Heißzeit das neue Wort

Wo finde ich saftige Wiesen,
wo Felder mit üppiger Frucht,
wo Schatten spendende Bäume?
Und wo sind die Vögel?
Ich höre und sehe sie nicht.

Der Herbst fällt aus,
kein langsames Vergehen,
kein Kräftesammeln
für neuen Beginn,
überall Sterben.

Flüsse trocknen aus,
Quellen versiegen,
Seen heizen sich auf,
massenhaft Fische sterben.
Wird das Normalität?

Heißzeit das neue Wort,
für das, was uns erwartet,
die Politik gefordert,
nicht mehr die Zeit
für Parteiengezänk.

Die Politik lässt sich Zeit,
warten wir ab,
erst mal die Sommerpause,
dann werden wir sehen,
nur nichts übereilen.

Doch Eile tut Not,
eine Zeit steht bevor,
wie keiner sie kennt,
alle sind gefordert,
bevor es zu spät.

Über das Wetter

Warm- und Kaltzeiten gab es immer,
wird es auch weiter geben,
so trösten sich viele,
zeigt das Wetter Extreme.

Es dient zur Beruhigung,
für unser schlechtes Gewissen,
wissen wir doch,
dass wir die Verursacher sind.

Wir könnten Einfluss nehmen,
dass unser Klima sich ändert,
sich zum Besseren wendet,
wieder kalkulierbarer wird.

Das hieße auf manches verzichten,
was zur Gewohnheit geworden,
wir sind dafür nicht bereit,
die Nachkommen sollen es richten.

Erlebnis

Eine Fliege stößt mich an,
ein Erlebnis inzwischen,
Insekten sind selten geworden,
nicht nur die Bienen.

Vorbei die Zeit
der Fliegenklatsche,
des Fliegenfängers unter der Lampe,
Pestizide sind in.

Die arbeiten gründlich,
Arten sterben aus,
gefährdet unsere Ernährung,
Naturschützer schlagen Alarm.

Gesetze werden erlassen,
ihren Einsatz zu verbieten,
die Hersteller wehren sich,
sogar einige Bauern.

Es geht um Gewinn,
da zählen keine Bedenken,
wir sind eben Menschen,
werden es bleiben.

Tierliebe

Eine Fliege krabbelt auf mir,
doch ich halte still,
jage sie nicht weg
will sie nicht töten.

Das sollen Fressfeinde besorgen,
Vögel und Spinnen,
draußen irgendwo,
nicht in meiner Wohnung.

Ich könnte auch kein Tier schlachten,
nicht einmal zuschauen dabei,
esse aber trotzdem gern Fleisch,
aber nichts darf an ein Tier erinnern.

Ich bilde mir ein,
tierlieb zu sein,
weiß aber,
ich bin nur feige.

Alles gehört zusammen

Eine Fliege gibt mir zu denken.
Wo bin ich gelandet?
Gibt es nicht Größeres?

Alles gehört zusammen,
Kleines und Großes,
eines nicht ohne das andere.

Besser, leichter,
vor allem bequemer,
wollen wir leben.

Schädlich, nützlich,
wir maßen uns an,
darüber zu entscheiden.

Wir vergessen,
dass wir Verantwortung tragen,
für alles, was ist.

Alles gehört zusammen,
das Große wie das Kleine,
allein sind wir nichts.

Wann handeln wir endlich

Hitze und Trockenheit,
ausfallende Ernten,
verendete Herden,
Menschen auf der Flucht.

Wiederkehrende Bilder,
schockieren für einen Moment,
verdrängt durch andere Bilder,
gleich wieder vergessen.

Abgemagerte Kinder,
weit aufgerissen ihre Augen,
der Anblick nicht zu ertragen,
Mütter schauen flehend uns an.

Wir wissen schon lange,
was nicht nur in Afrika passiert.
Nun sind wir selbst betroffen.
Wann handeln wir endlich?

Aus Staufen

Im Zug

Im Zug.
Wessis im Abteil.
Ich einziger Ossi.

Ich, Merseburger,
zum Urlaub im Schwarzwald,
sie, Ulmer,
zurück aus Berlin.

Unterhaltung über Stunden,
für beide Seiten vergnüglich,
das Reden Bedürfnis,
das gibt es auch.

Grund zum Schmunzeln,
sie keine Besserwessis,
ich kein Ossi,
den man belächeln muss.

Wir mussten so sein,
wie wir waren,
stehen heute darüber,
kein Grund zu streiten.

Gab es zwei Staaten?
Für unsere Enkel Geschichte.
Wer war Gewinner, wer Verlierer?
Die Frage stellt sich nicht mehr.

Münstertal

Unbeschwertes Hier,
unbeschwertes Heute,
etwas wie Neubeginn.

Berge und Wald,
hier wie dort,
bei mir daheim.

Doch frei von Lasten,
ohne Vergangenheit,
nur hier und heute.

Das Spätzchen

Ein Spätzchen tschilpt,
jeden Morgen, jeden Abend,
gern höre ich ihm zu.

Wir sehen uns oft,
wenn es auf dem Balkon piepst,
es flieht nicht vor mir.

Vor meinem Zuhause höre ich ihn nicht,
den Plebejer unter den Vögeln,
der Frechling hat sich dort rar gemacht.

Staufen und Wein

Staufen und Wein gehören zusammen,
genießen kann man ihn hier,
er wird am Ort gewonnen,
in schöner Umgebung.

Jeden Tag komme ich her,
zu Fuß von Münstertal,
bin hier beim Sohn,
verliebt in Staufen.

Mein Städtchen verzeihe es mir,
ich gedenke deiner weiter,
aber Wein genieße ich hier,
wie sonst nirgendwo.

Staufen und mein Städtchen

Ein beschauliches Städtchen,
atmet Beschaulichkeit,
Frieden und Lebensfreude.

Doch auch hier fielen Bomben,
auf dem Friedhof liegen die Opfer,
Kinder und Soldaten darunter.

Warum muss ich daran denken,
in diesem beschaulichen Ort,
vergleichbar meinem Zuhause?

Die Kindheit werde ich nicht los,
Ähnliches geschah in meinem Städtchen,
ich musste Augenzeuge sein.

Auch das ist Staufen

Staufen heißt auch Faust,
heißt Huchel und Kästner.
Ich kenne sie seit meiner Jugend,
vom Studium den Faust,
den Huchel von „Sinn und Form",
den Kästner kennt man auch so.

Peter Huchel und Erich Kästner
liegen hier begraben,
die Stadt vergibt den Peter-Huchel-Preis.

Die Altstadt

Die Häuser saniert,
nicht herausgeputzt,
haben sie nicht nötig.

Ein geschlossenes Ganzes,
gepflegt wie noch nie,
zeugen sie von Bürgerfleiß.

Läden, Cafés, Restaurants,
nah beieinander,
dazu kleine Hotels.

Beschaulich, gemütlich,
eine kleine Welt für sich,
auf der Höhe der Zeit.

Gönne dir was

Gönne dir was,
so mahnt sie mich,
bin ich für Tage weg,
sei nicht geizig zu dir.

Ja, das bin ich,
nein, das war ich,
kannte Zeiten der Not,
kann sie nicht vergessen.

Hier gönne ich mir was,
Danke dir Meine!
So sagt man bei mir,
wo ich lebe, bei ihr.

Mein Alltag ist schön

Ich bin mir bewusst,
dass es alles gibt,
wonach mir ist.

Um mich keine Not,
ich genieße es,
mein Alltag ist schön.

Darf man vergessen,
wie es mal war?
Nie erlebt haben es
die jungen Leute.

Am Teich

Die Fontäne vor mir,
ihr monotones Plätschern.
Ich sitze im Park,
sehe und höre zu.

Ein Spatz nähert sich,
verweilt einen Moment,
traut nicht dem Frieden,
hüpft davon.

Das Plätschern bleibt,
das schäumende Wasser,
nichts sonst,
ich sehe und höre zu.

Auf halber Höhe

Mein Blick geht nach unten,
zurück auf die Stadt,
nach oben zur Burgruine.

Früh ist es am Morgen,
Glocken rufen zur Messe,
läuten den Sonntag ein.

Die Mühe des Aufstiegs lohnt,
wie auch der Weg zurück,
an Weinbergen vorbei.

Am Ziel wartet ein Viertele,
am Burgberg geerntet,
sicher werden es zwei.

Du bist dabei

Vor meinem Café sitze ich,
unter einem Sonnenschirm,
bei einem Viertele Wein,
genieße den Tag.

Um mich vereinzelt Paare,
unterhalten sich leise,
nicht eines in Eile,
schön sitzt es sich hier.

Du bist dabei,
wenn auch nur in Gedanken,
ich freue mich auf dich,
schön, dass es dich gibt.

Dich sehe ich bald wieder,
Grund zufrieden zu sein,
Prost, meine Liebe,
du bist bei mir.

Vor dem Café

Leute schlendern vorbei,
alte und junge,
viele alte.

Reisegruppen,
Familien,
alte und junge Paare.

Sie lassen sich Zeit,
keiner eilt,
genießen das Städtchen.

Fragst du sie,
sagen sie:
Staufen ist schön.

Das Rinnsal

Es Bächlein zu nennen,
wäre der Ehre zu viel,
Rinnsal passt besser,
so winzig ist es.

Vom Bach abgezweigt,
eilt es durchs Städtchen,
erfreut die Leute,
mit silbernem Funkeln.

Kinder tauchen die Füße ein,
stapfen hindurch,
lassen ein Schifflein treiben,
rennen ihm nach.

Auch mancher Erwachsene
gönnt sich den Spaß,
wird wieder zum Kind,
Anlass zu Heiterkeit.

Das kleine Mädchen

Barfuß läuft es bei der Hitze,
tapsig, als müsste es Laufen lernen,
die Füße ertasten die Steine,
erspüren das holprige Pflaster.

Ins Bächlein daneben taucht es die Füße,
patscht durch das kühle Nass,
jauchzt und quiekt dabei,
Erlebnis für das Kleine.

Kleine Kinder

Kleine Kinder beobachten ist schön,
wie sie sich unbekümmert und frei bewegen,
den Augenblick genießen,
ohne zu wissen, was das ist.

Manchmal müssten wir Kinder bleiben,
ohne Berechnung, ohne zu fragen,
unbekümmert einfach nur leben,
Kinder zeigen es uns.

Drillinge

Drillinge fahren vorbei,
von Mutti und Oma geschoben,
in einem Wagen zwei,
im anderen eins.

Wechselt die Besetzung,
bleibt dem Zufall überlassen,
weiß die Mutti,
wer mit wem fährt?

Süß die Kleinen,
wie sie da liegen,
strampeln mit nackten Beinchen,
nichts wissen von Ort und Zeit.

Familie vor dem Café

Im Café am Bächlein
sitzt eine Familie,
Vater, Mutter, Tochter.

Die Tochter starrt auf ihr Handy,
die Eltern schweigen sich an,
starren vor sich hin.
Warum sitzen sie hier?

Familie

Ein Vater führt zwei Hunde,
die Mutter fährt den Kinderwagen.
Ob auch ein zweites Kind hinzu kommt?

Viele Hunde sehe ich,
mit Herrchen und Frauchen,
nur wenige mit Kind.

Die Ausländerin

Eine Ausländerin geht vorbei,
schiebt einen Kinderwagen,
ihre dunkle Haut sagt mir,
sie ist nicht von hier.

Ein Kind im Wagen,
ein anderes an ihrer Hand,
eines wächst im Bauch,
hier bleiben möchte die Frau.

Tschau, tschau

Tschau, tschau,
so sagt man hier,
wenn man geht,
wo mein Sohn wohnt.

Mach's gut, meiner,
sagt man dort,
wo wir herkommen,
beides uns geläufig.

Hier und dort sind eins,
seit vielen Jahren,
zusammen gehört,
was einmal getrennt.

Tschüss, mein Staufen

Tschüss, mein Staufen.
Ich komme wieder,
werbe für dich,
draußen bei mir,
in meinem Osten.

Resümee

Ich genieße den Augenblick,
viel gibt es zu sehen
und alles ist schön.

Schau dich um,
Schönes ist überall,
wartet vor deinen Augen.

Ganz im Heute

Ich gehe auf im Heute,
lasse das Gestern ruhen,
es mindert das Erleben.

Leben heißt jetzt,
besteht aus Augenblicken,
sie ergeben das Leben.

Hier ist überall

Ich bin von hier,
meinte damit den Osten,
maß alles an meiner Vergangenheit,
getrübt war mein Blick für das Heute.

Das ist vorbei,
ich lasse das Vergleichen,
schaue ganz auf das Heute,
freue mich, dass es weitergeht.

Hier heißt für mich heute,
egal, wo das ist,
frei von einem Ort,
man kann überall zu Hause sein.

Anlass für diese Einsicht,
die Besuche beim Sohn,
er wohnt im Münstertal,
ist dort heimisch geworden.

Altes und Neues ist hier vereint,
nicht belastet durch Vergangenheit.
Ich bin von hier,
heißt nun: Überall

Betrachter bin ich

Betrachter bin ich,
nicht mehr Akteur,
lange ist´s her,
dass ich gestalten wollte.

Was ich sehe,
halte ich fest,
mache mir darüber Gedanken,
wie lange noch,
das weiß ich nicht.

Vieles ändert sich,
im Laufe eines Lebens,
das wird immer so bleiben,
der Mensch bleibt, wie er ist.

Gerd Meyer

Das Alter winkt
Lyrische Impressionen

ISBN 978-3-95631-514-5

Draußen
Lyrische Impressionen

ISBN 978-3-95631-509-1

Gestern und heute
Erinnerungen

ISBN 978-3-95631-510-7

Meine Kindheit im Städtchen
Erinnerungen

ISBN 978-3-95631-507-7

Mein Städtchen in den Bergen
Lyrische Impressionen

ISBN 978-3-95631-508-4

Psychogramm einer Liebe
Lyrische Impressionen

ISBN 978-3-95631-511-4

Unter uns
Erzählungen

ISBN 978-3-95631-512-1

Von Einem am Rande
Lyrische Impressionen

ISBN 978-3-95631-513-8

Gerd Meyer

Betrachtungen eines Rentners

Lyrische Impressionen

ISBN 978-3-95631-637-1